TRADUCTION LIBRE

EN VERS

DE L'ÉLÉGIE

ADRESSÉE PAR

LE CITOYEN **FERDINAND FLOCON,**

EX-MEMBRE DU GOUVERNEMENT PROVISOIRE DE LA RÉPUBLIQUE ET MEMBRE
DE L'ASSEMBLÉE NATIONALE,

A

FRANÇOIS - CHARLES - JOSEPH NAPOLÉON,

NÉ AU CHATEAU DES TUILERIES, LE 20 MARS 1811.

AVEC LE TEXTE ORIGINAL DE L'AUTEUR.

Par un Républicain de la Veille et du Lendemain.

A PARIS,

CHEZ TOUS LES MARCHANDS DE NOUVEAUTÉS.

1848

DE L'ÉLÉGIE.

I.

ENFANT qu'ont salué les *Mages de la terre*,
Déposant à tes pieds la couronne des *Rois*;
Toi qui vis maintenant sur la terre étrangère,
Subissant de l'exil et le joug et les lois,
Fils de NAPOLÉON, d'un *Enfant* de la *France*,
Reçois les premiers chants, reçois les premiers pleurs;
Ils sont à ma Patrie, ils sont à ton Enfance.

A vous des cyprès et des fleurs,

II.

Né sous le toit obscur d'une pauvre chaumière,

Comme toi je n'eus pas un trône pour berceau ;

Mais avant de fermer mes yeux à la lumière,

Près de mon toit, mourant, je verrai mon tombeau.

Il semble que tous deux n'ayions rien en partage ;

Je suis *pauvre*, toi *grand... Homme*, toi *jeune fleur* ;

Moi j'ai souffert *plus tôt* ; tu souffres *davantage*.

Tout est commun dans le *malheur*.

III.

Que je voudrais, Enfant, dans la mienne qui tremble,

Serrer ta faible main, te presser dans mes bras !

Hélas ! tu n'es pas là... De loin, pleurons ensemble ;

Ton cœur me comprendra, si tu ne m'entends pas.

Oh ! oui, pleurer ton Père est pleurer ma Patrie.

Tous deux, du même coup, les a frappés le sort

Car tous deux ils vivaient d'une commune vie.

Pleurons... Napoléon est mort !

IV.

Enfant, deux fois j'ai vu notre beau sol de *France*
Gémissant sous le joug des *Rois coalisés* ;
Et deux fois les canons de la *Sainte-Alliance*
Ont vomi, dans son sein, ses *tyrans exilés.*
Comme déjà mon sang bouillonnait dans mes veines,
Alors que ces *Bourreaux*, trônant dans nos palais,
Flétrissaient sous leurs lois, étouffaient sous leurs chaînes
 Tout ce qui porte un cœur français.

V.

Trop jeune pour les camps, et mûr pour la souffrance,
En voyant l'*Etranger*, je rongeais ma douleur.
Je ne pouvais, hélas ! que gémir en silence ;
Pour mon pauvre Pays je n'avais que mon cœur.
Aux *soldats* d'*Austerlitz* l'insigne privilége
De mourir pour ton PÈRE au pied de l'Ennemi ;
Quand, moi, traînant, Rêveur, ma honte sacrilége
 Enfant, je veillais endormi.

VI.

Alors toi, faible aussi, tu versais une larme,

Autour de toi régnaient le silence et le deuil ;

Il te fallait quitter ton Palais en alarme,

Ton manteau d'*Empereur* se changeait en *linceuil* ;

Tes *Courtisans* pleuraient leur puissance déchue,

Tournant déjà les yeux vers le nouveau soleil

Qui bientôt va percer l'épaisseur de la nue,

    Prêts à saluer son Réveil.

VII.

Partir ! quitter la France et le trône et ton PÈRE !

Les quitter pour jamais !... Ainsi veulent les *Rois* ;

Et ce que veut leur haine, et que peut leur colère,

Ils le font au mépris et du ciel et des lois.

En vain tes yeux mouillés cherchent qui te protége,

En vain ta faible voix appelle tour à tour

Des noms, des cœurs chéris.... Plus de brillant cortége !

    Au Proscrit faut-il une Cour !

VIII.

Morne, silencieux, dans son char solitaire
L'Enfant rêve pensif..... cherchant un souvenir.
Mais quand du sol de France il franchit la barrière
Il comprit que pour lui tout venait de finir :
Plus de jeux, plus de chants, plus de pleurs, plus de larmes
Son œil est sec et fixe, et son grand cœur est plein ;
Insensible à la joie, il est sourd à ses charmes
    Rien ne fait palpiter son sein.

IX.

Rien! Rien! il reste froid à la mort de son PÈRE !
A ce calme immobile, on dirait que son cœur,
Privé de battements, n'est plus rien à la terre,
Qu'il dédaigne la joie et brave le malheur...
Sa bouche se contracte — effort de la nature ! —
Ses *geôliers* attentifs, et veillant nuit et jour,
A sa plaintive voix ont surpris un murmure ;
    Est-ce une plainte, un mot d'amour ?

X.

Tout à coup il bondit, son front pâle se ride,

Ses yeux sont égarés, il frémit... la terreur

Agite tout son corps... de sa bouche livide,

Enfin s'échappe un cri, mais c'est un cri d'horreur.

Il s'agite, il se lève, étend les bras, retombe,

Il appelle son père, évoque ce doux nom ;

On eût dit qu'un fantôme, échappé de la tombe,

    Lui criait : PRENDS GARDE AU POISON !

XI.

Tout ici bas, tout change, avec le temps tout passe,

Le temps efface tout, même le souvenir ;

Oui, pour un cœur vulgaire, et pour l'obscure race

Mais l'âme du héros, domaine d'avenir,

Revit dans ses *enfants*, revit pour la *patrie*.

Si la corde est muette, ou bien n'est pas au ton,

Touchez là seulement... vibrante en harmonie,

    Elle rendra le même son.

XII.

Oui, tout ce qui se meut à l'appel de la Gloire,
Et qui sent dans ses flancs bondir un cœur français,
Tout de NAPOLÉON révère la mémoire,
Bénit son nom, sa vie, exhalte ses hauts faits.
FILS DU GRAND HOMME, toi, tu dois plus faire encore,
Par l'éclat de ta vie, il doit être immortel;
Beau soleil d'avenir, il fut ta belle aurore,
    A tous deux il faut un *autel!*

XIII.

Mais pourquoi me poursuivre, ô sinistre pensée !
Hélas ! *Pauvre Orphelin*, pardonne à mon effroi.
Je te vois, jeune fleur que nourrit la rosée,
Près d'un foyer que souffle une bouche de *Roi*,
Et ce feu là dévore !.. une simple étincelle,
Qui jaillit au hasard, fâne, corrompt, flétrit;
Et pas un seul Français, un serviteur fidèle
    Qui veille au chevet de ton lit !

XIV.

Si dans ton sein déjà le parjure, le crime,
Ont semé de la mort le germe empoisonné,
Si le *Congrès* des rois t'a choisi pour victime,
Songe à la *France* avant que ton glas ait sonné !
Frère ! accours, viens à nous…. Parmi nous pas un traître
Ne dira le secret du sol hospitalier.
Tu reverras, heureux, le ciel qui t'a vu naître
    Libre, sans chaînes, sans geôlier.

XV.

Tu pourras voir alors le palais de ton Père,
La Garde qui veillait près de lui, près de toi…..
Mais de loin, à distance… On te crierait : Arrière !
« Un proscrit n'entre pas… c'est le séjour du *Roi*. »
Tranquille sur son trône, et sûr de la consigne
Le *Roi* n'a pas souci de qui frappe au palais ;
Il apprit, Exilé, qu'un Proscrit se résigne
    Se courbe devant les Laquais.

XVI.

Veux-tu des souvenirs ?... Visite la chaumière ;
Là vit le vieux soldat... Frappe et l'on t'ouvrira.
Sans te connaître, il va te parler de ton PÈRE.
« Voici sa belle image, et sa croix... Elle est là ! »
En prononçant ces mots, la main sur sa poitrine,
Il dira : « *Mon enfant, çà vient du champ d'honneur,*
« *Çà date d'Austerlitz... Voilà la Carabine*
    « *Que me donna mon Empereur.* »

XVII.

Laisse ce beau château, passe... C'est là que trône
Le fils du vieux soldat, aujourd'hui *Grand Seigneur.*
On l'encense à l'*Autel ;* à la *Cour,* on le prône,
Il ne se souvient plus du nom de l'*Empereur ;*
Le *Vicaire du Christ* est seul le *Roi de Rome.*
Oh ! Détourne les yeux !... Plutôt, arrête-toi !
Tu regretteras moins ce qu'on appelle un *homme,*
    Un *trône,* une *Couronne,* un *Roi.*

XVIII.

Fils de Napoléon, dans mon âme oppressée,
Il me faut contenir tous mes pieux regrets.
Adieu ! Pardonne, Adieu ! J'arrête ma pensée.
De la *nécessité* tu connais les décrets.
Adieu ! Pense à la *France*, à cette noble *Mère*,
Vers elle étends les bras... Et quel que soit ton sort,
Profite des *vertus*, des *fautes* de ton *Père*,

    Et nous dirons : Il n'est pas mort !

TEXTE ORIGINAL DE L'AUTEUR.

A

FRANÇOIS - CHARLES - JOSEPH NAPOLÉON.

Fils de Napoléon, né sur le premier trône du monde, et maintenant proscrit, écoute la voix d'un jeune Français qui a déjà versé bien des larmes sur les malheurs de sa patrie, sur les tiens, sur ceux de ton père.

Le malheur rapproche les hommes et les âges. Si tu naquis dans un rang plus élevé que moi, ce fut pour souffrir davantage; si je bus avant toi dans la coupe la vie, ce fut pour en connaître plutôt l'amertume.

Tu vis le jour dans un palais : une simple chaumière reçut mon enfance. Hélas ! ni l'obscurité de ma vie, ni l'éclat de la tienne, ne nous ont garantis des coups de la fortune ! Les souffrances de la patrie retombent sur chacun de ses enfants.

Deux fois j'ai vu le sol français souillé par les pas de l'étranger, dont les armes nous ont deux fois imposé la honte et l'esclavage. Et, trop jeune encore, je n'avais pas le beau droit de mourir des mains de l'ennemi !

Tes premières années ont connu les larmes. En vain tu embrassais le sol natal, en vain tes faibles bras voulaient s'attacher au seuil du palais. Ils étaient là. Il fallut partir.

Partir ! Quitter la France, le trône et ton père ! Les quitter pour toujours !..... Quand on l'eut porté dans le char qui devait l'emmener, l'enfant cessa de pleurer, et se tut.

Il n'a rien dit quand il a appris la mort de son père. Son œil était sec, son cœur plein. Immobile, un long silence a été sa réponse à cette fatale nouvelle.

Il est resté sombre et solitaire. Quelques murmures sortaient de sa bouche ; mais on n'a pu comprendre ces sons étranges, ni les pensées qui se pressaient dans son âme.

Tout-à-coup un mouvement d'effroi se peint dans ses traits, un cri lui échappe, un cri d'horreur !.. On écoute, il se tait, mais ses cheveux se dressent, ses yeux sont égarés, tout son corps tremble.

Ce n'était pas l'effet d'une douleur concentrée. On eût dit plutôt qu'une révélation subite était sortie de la tombe, pour dévoiler un épouvantable secret au fils de Napoléon.

.   .   .   .

Le temps s'écoule ; les choses changent ; les hommes passent ; les souvenirs s'effacent. Oui, pour l'homme vulgaire, ou pour les tristes rejetons d'une race dégénérée.

Mais l'âme des héros revit dans leurs fils ; inaltérable, elle conserve à jamais l'impression des grands événements. La corde paraît muette, mais il suffit de la toucher pour qu'elle redise le même son.

Le nom de Napoléon est gravé dans tous les cœurs français, quoiqu'il y réveille des pensées différentes ; mais la douleur de sa mort ne s'éteindra jamais dans le cœur de son fils ; elle présidera à toute sa vie.

Pauvre orphelin ! quel sort te prépare l'avenir ? Ton sein renferme-t-il déjà les germes empoisonnés de la mort, et dois-tu, comme ton père, succomber avant le temps ?

Ah ! plus heureux, du moins, tu pourras revoir encore ta patrie ; tu pourras traverser cette terre sacrée, et, simple voyageur, confondu dans la foule, contempler en silence le ciel qui t'a vu naître.

Tu le pourras sans crainte. Nos maîtres n'ont pas toujours habité les palais : eux aussi ont connu l'exil et ses souffrances. D'ailleurs, ils sont si forts, qu'auraient-ils à redouter d'un orphelin, du fils d'un proscrit ?

Alors, entre dans la cabane du laboureur. Tu y trouveras le vieux soldat de Napoléon : tu entendras la vérité, et tu sauras la comprendre ; car la flatterie n'aura pas corrompu ton âme. Qui daignerait flatter un prince sans couronne ?

Quant à ceux que ton père a comblés d'honneurs, de gloire et de richesse ; ceux qu'il a tirés du néant, qu'il a élevés au faîte du pouvoir, détourne les yeux, et passe.

Mais non, regarde-les plutôt ; car alors tu ne regretteras plus le trône, et tu béniras ton infortune qui te dérobe aux soins de pareils hommes.

. . . .

Fils de Napoléon, adieu ! Le jeune Français ne peut t'en dire davantage ; mais, quel que soit le sort que la fortune te réserve, songe à profiter des fautes et surtout des vertus de ton père.

Napoléon, adieu !

Ferdinand Flocon.